Christina Merlingi

Nach dem Sturm

Für meine Eltern

Herstellung und Verlag:
BoD - Books on Demand, Norderstedt
ISBN 978-3-7431-3776-9

Inhalt

Nach dem Sturm

Planlos 1

Nachtsumviersituation 3

200 bpm 5

Mittendrin (im Ich) 9

Lawinengefahr 11

Eins zu viel 13

Kurswechsel

Einnorden 17

In Seenot 19

Empty Pantry 21

Navigationsfehler 23

Kurswechsel 25

Never ever 27

Taubstumm 29

Verfahren 31

Obdachlos 33

Fernsicht 35

Himmelauf 37

Rückblick 39

Zum Trotze 41

Irr-tum 43

Im Norden sacht man tschüss 45

Menschlich 47

Rohbau 49

Neubau 51

Rückblick II 53

Aufsteh´n 55

Neue Horizonte

Rebellin 59

Verhöhnt 61

Zartes Gefühl 63

big brother 65

Weltbetrachtungsmoment 67

Flugzeugfensterblick 69

Fragezeichen 71

B-l 73

Matched 75

petit mort 77

Wegbegleiter 79

Wie lang 81

Die ewigen Zweifel 85

Wehrlos 87

Geteilte Freude 89

Tiefe Liebe 91

Kopf oder Zahl 93

What´s app? 95

Kofferpacken 97

2010

Nach dem Sturm

Planlos

will Hilfe haben, brauch´nen Plan
und einen, der in mich reinschauen kann

den wird's wohl nicht geben,
wie hält man das aus

ich lauf einfach weiter,
schwankend geradeaus

alle paar Meter hält einer an
und fragt, ob er was tun kann

er zückt die Karte,
bereit zum Navigieren

doch da ich ihm das Ziel nicht nennen kann
trottet er wieder von dannen,

der Mann

Nachtsumviersituation

Fragmente
Bilder, bruchstückhaft
sie rasen vorbei
dein Herz rast mit

Blutdruck hoch
schnell, schnell

Gedankenüberschlagung
Reizüberflutung

und das alles
ohne äußere Einwirkung

nur du
allein mit dir

200 bpm

da geht´s hinab
und da geht´s hinauf
da schwankt der boden
da stehst du fest drauf

da schimmert´s gelb
und da leuchtet´s blau

und du schwebst
und du schwebst
ganz langsam hinauf

und du siehst
und du siehst
niemals geradeaus

und du kannst
und du kannst
und du kannst nicht umdreh´n

da ist die wand
da ist sie fest

da ist´s nur watte
flauschig und weich
und wenn du nicht aufpasst
dann fällst´ vielleicht gleich

und es dreht
und es dreht
und es dreht sich alles um dich

und es saugt
und es saugt
und es saugt ´nen teil mit

und du lebst
und du lebst
und du lebst nur so lang

wie sich´s bewegt
und bewegt

stillstand kommt erst dann

Mittendrin (im Ich)

fröhliches Treiben
wie auf dem Rummel
und immer wieder
preist der Losverkäufer
das Glück an

immer aufs Neue
macht er Geschäfte
mit der Sehnsucht

eins um andre
dreht das Karussell
seine ewig gleichen Kreise

und scheinbar unendlich
die lange Achterbahn
aus deren Wagen
uns der Ausstieg verwehrt ist

Lawinengefahr

weißt du noch

als der erste Schnee fiel
alles pulvrig weiß bedeckt war
die Wintersonne
sich in den Kristallen spiegelte

welch ein Gefühl
von neuartigem Empfinden
von langersehntem, tiefem Glück

nun nutzen wir schon eine Weile
die feste Schneedecke
als zuverlässigen Untergrund
für unseren gemeinsamen Weg

doch vereinzelt
brausen Stürme auf
heftiger Schneefall
erschwert uns die Sicht
ich habe etwas Angst
vor einer Lawine

du nicht?

Eins zu viel

Fieberst ihm entgegen
dem Tag und der Nacht
Was haben wir gealbert
was haben wir gelacht

Ein Wort zu viel
eine Empfindung zu tief
Ein gefährliches Spiel
das aus dem Ruder lief

Zwei Seelen, zwei Leben
und zweimal alles geben
Zwei Wünsche, zwei Süchte
und zwei dumme Ausflüchte

Ein Wort zu viel
eine Empfindung zu tief
Ein gefährliches Spiel
das aus dem Ruder lief

2011

Kurswechsel

Einnorden

Wenn ein Schiff
einen Hafen verlässt
wird der Kapitän
immer auch
Wehmut erleiden

Nur

in die Heimat
kommt er stets zurück

In Seenot

Was ist geschehen
eine rasante Veränderung
der Wetterlage

Wir haben schon viele Stürme
gemeinsam bewältigt

Doch dieser Orkan
zerfetzte unser Steuerrad

Den Kompass nahm er auch mit
und warf alle Karten über Bord

Ich verlor völlig die Orientierung
und konnte nur überleben
indem ich dich zurückließ

Wohlwissend
dass du des Schwimmens
mächtig bist

Empty Pantry

Auf unserer gemeinsamen Reise
sind uns die Vorräte ausgegangen

Eine Besatzung auf hoher See
kann sich eine Weile behaupten

Doch am Ende
muss auch die beste Crew
einen Hafen anfahren

Ich für mich
musste zurück zu mir

In mein Heimatmeer

Fahre du
in deinen Hafen

Es sind nicht mehr
dieselben Gewässer

Navigationsfehler

Ich dachte wirklich,
ich sei angekommen

In unserem gemeinsamen Hafen
vor Anker gegangen

Habe geglaubt
an die gemeinsame Geborgenheit

Den Schutz
der Kaimauern

Doch meine stürmischen Wellen
zerbrachen an ihnen

Kurswechsel

Nun lässt du mich
wieder fahren

Setze meine Segel
sage dir Lebwohl

Lasse dich zurück
in deinem Ruderboot

Und hoffe, dass du
den richtigen Kurs aufnimmst

Never ever

Nie wollt´ ich so genau wissen
was es ist, das dich antreibt
Nie wollt´ ich die Illusion missen
dass ein Funken Hoffnung bleibt

Nie wollt´ ich spüren
was jetzt zu Tage kam
Nie sollte sie dahin führen
doch die Zeit fragt nicht
nach dem Wann

Sie verrinnt uns durch die Hände
sie tröpfelt vor sich hin
stetig höhlt sie uns´re Wände
offenbart, was ich für dich bin

Taubstumm

du sagtest mal zu mir
ich sei etwas ganz Besonderes

was du damit meintest
und für dich erkannt hast
ist mir unklar
wird es wohl immer bleiben

weil wir nicht in der Lage sind
uns zu hören

Verfahren

wir mühen uns ab
wissen nicht einmal womit

unsere Liebe zu entdecken
unseren Weg zu finden

wir suchen nicht einmal
im selben Planquadrat

was ist geschehen
wo ist sie hin
was haben wir getan

wir, sag ich, wir
das es wohl einmal gab

Obdachlos

Suchen Halt und Hände
doch bauen damit Wände

Suchen Eins
und finden Meins

Wollen geben, geben, geben
und versuchen nur zu nehmen

Zwei Hände, die sich reichen
zwei Seelen, die weichen

Zwei zerstörte Illusionen
die obdachlos wohnen

Zweimal verletztes Hoffen
Ende offen

Fernsicht

Und ich träum´
von ewig bess´rer Zeit
Wann nur ist es
denn endlich so weit

Schritt für Schritt
dümpeln wir voran
und glauben selbst
nicht wirklich dran
dass der Weg, den wir gehen
zu unserem Ziel führen kann

zu viele Lücken
in unserem Plan
und wir glauben
selbst nicht dran

zu wenig Klarheit
doch eines Tages ist es so weit
wir werden ihn finden
den Weg zur ewig bess´ren Zeit

Himmelauf

Und ohne jedes Donnergrollen
schlug plötzlich der Blitz ein
Teilte den Himmel
und gewährte für einen kurzen Moment
einen Einblick in die Hemisphäre
jenseits des uns Vertrauten
und außerhalb gewohnter
Vorstellungskraft

Rückblick

ich denke
den gedanken
dass du
mein denken
nicht wert bist

nimm doch dein
ruderboot
und paddle fleißig
weiter im kreis rum

unsere fahrwasser
kreuzen sich eh nicht

wage es nur nicht
noch einmal
deinen weg zu verlassen
und meinen zu queren

Zum Trotze

wie
vom Hochhaus springen
um sich umzubringen
und unten festzustellen
dass die Rippen prellen

ein viel länger Leid beschert

war es das wirklich wert?

Irr-tum

Ganz schön fatal
wie aus dem kleinen IRR
ein un-ge-heures TÜM
werden konnte

Im Norden sacht man tschüss

Und plötzlich
hörte die Musik auf
Klänge verstummten
Stimmen versagten
und selbst die Hintergrundbrabbelei
war auf einmal vorbei

Letzter Tanz

Letzter Blick

Letzter Schmerz

Lebewohl

Menschlich

Alles vorüber, alles vorbei
aus uns beiden wurden wir zwei
schwirren fragend durch die Sphäre
suchen die Antwort, was wohl wäre
würd´s nur einmal das Wunder geben
Gefühle gemeinsam zu erleben

Alles Illusion, alles Utopie
und die Menschen lernen es nie
lassen sich immer wieder ein
auf den glänzend schönen Schein

Rohbau

Er und ich
wie zwei verlorene Seelen
die sich festhalten

an Äußerlichkeiten

die versuchen
den richtigen Rahmen
zu schaffen

die sich mühen
Fassaden zu bauen

wo kein Fundament ist

Neubau

Was wirst du nur tun
mit dem Trümmerhaufen
den ich dir hinterlassen habe

Nimm doch
Stein für Stein
setze sie aufeinander
anders als vorher
kreativer vielleicht

Dein Bauwerk wird
womöglich kleiner sein
nicht mehr so funkelnd

doch auf festem Fundament

Ruhe und Kraft ausstrahlen

und sich im Innern

durch eigene Stärke

zusammenhalten

Rückblick II

der Zug der Zeit
hat keine Haltestellen

unaufhaltsam
scheint er durch die Lande zu rasen

danke
für die Momente
in denen wir
das Tempo verringern
und den Ausblick
genießen konnten

Aufsteh´n

Sobald der Winter
seine klammen Klauen
von mir genommen hat

werde ich den jungen Pflanzen
wieder beim Wachsen
und Gedeihen zusehen

mich an ihnen erfreuen
und mir nicht mehr wehtun lassen

2012

Neue Horizonte

Rebellin

Träume sind zum Träumen da
das Leben wohl zum Leben

Mir war jedoch noch nie ganz klar
warum wir uns diesem Dogma ergeben

Doch alles hat seinen Grund
und zielführenden Sinn

Komm, wir schließen einen Bund
mit uns´ren Träumen drin

Leben unser beider Leben
und träumen weiter vor uns hin

Verhöhnt

Die Möglichkeit, zum Greifen nach
auf einmal stand sie vor uns da

Lachte uns verhöhnend an
und sagte: denkt nicht mal dran

Rührt ihr auch nur einen Finger
nehm´ ich euch bei der Hand

Was einst war schön, wird dann nur
schlimmer

Das ist doch hinreichend bekannt

Zartes Gefühl

Leicht wie der Wind im Mondenschein
schwebt ein Gefühl
ich fang´ es ein
Halte es fest, tu´s in mein Herz
und weiß genau, es wird zu Schmerz

Da ist es nun, fliegt wild umher
möcht´s doch missen nimmermehr

Bereichert mein Leben, Tag für Tag
auch wenn ich nicht dran denken mag
was wäre wenn, vielleicht auch nicht
schau im Spiegel in mein Gesicht

Könnte, hätte, müsste, sollte
war all das nicht, was ich doch wollte

Bin dankbar für den Status Quo
und denk´, das seh´n wir beide so

big brother

genauestens
und detailverliebt
beobachtest du
nimmst deine Umwelt wahr

und mich

messerscharf
analysierst du
und ziehst Schlüsse
die außer meinem
anderen Ich

niemand

jemals sah

Weltbetrachtungsmoment

Ihre Weite erahnt
Ihre Unendlichkeit vermisst
Ihre Schönheit erlebt
Ihre Kraft unterschätzt

Ihr Potential erkannt
Ihre Diversität überblickt
Ihre Güte begriffen

Dank dir

Flugzeugfensterblick

Schau
wie sie schweben

federleicht
unbeschwert

all ihre Last
zurückgelassen

unten

auf dem Boden
der Tatsachen

wie ich

wenn wir
zusammen sind

Fragezeichen

Sicht vernebelt?

Blick verstellt?

Parallelwelt?

B-I

es könnt´ ein anfang sein
hast du gesagt

hattest du
eine entfernte ahnung

wovon?

Matched

Die Luft müsste flirren
vor lauter Gedanken
die sich zeitgleich
bei dir und mir
auf die Reise machen

sich begegnen
sich erkennen
sich begrüßen

und in dem Wissen,
kongruent zu sein
frohen Mutes
ihren Weg fortsetzen

petit mort

Immer ein kleiner Tod
wenn unsere gemeinsame Zeit
vorbei ist

Doch viel schlimmer
der lange Abschied

währenddessen
die Spannung aus Verlangen
und Vernunft

kaum auszuhalten ist

Wegbegleiter

Wer hat dich geschickt
mich zu begleiten

auf meinem Weg
durch undurchsichtigstes Dickicht
und unwegsamstes Gelände

mir zur Seite zu stehen
mich zu führen
und auch noch

mich vor dem Stolpern
zu bewahren

mich zu halten
wenn ich wanke

mir ein solcher
Freund zu sein?

Wie lang

Wie lang wird es leben
Wie lang wird´s uns geben
Wie wird es am Ende aussehen
Wie wird diese Sache ausgehen

Fragen über Fragen
Soll ich sie zu stellen wagen
Ist es besser, nichts zu tun
Und in der Sache selbst zu ruh´n

Wie lang wird es leben
Wie lang wird´s uns geben
Wie wird es am Ende aussehen
Wie wird diese Sache ausgehen

Jeden Tag ein neuer
Schritt ins Abenteuer
Jeder Blick ein Spiel auf Zeit
Ich bin zu allem bereit

Ich will deine Seele
Auf dass ich´s nicht verhehle
Ich will ein Teil von dir
Gib mir ein Teil von dir

Wie lang wird es leben
Wie lang wird's uns geben
Wie wird es am Ende aussehen
Wie wird diese Sache ausgehen

Sag mir wie lang
Sag mir wie lang
Wird es noch gehen
Dass wir uns sehen

Sag mir wie lang
Bis wir uns verlieren
Uns´re Gefühle erfrieren

Sag mir wie lang
Sag mir wie lang

Die ewigen Zweifel

Richtig oder falsch
wer kann das schon beurteilen?

Es macht uns glücklich,
strengt uns an

Öffnet die Türen
zur Angst vor der Zukunft

Öffnet aber auch
unsere Ichs

Und ermöglicht
vertrautes Miteinander

Ich habe die Hoffnung
dass wir uns letztendlich
einfach bereichert fühlen

Wehrlos

Hab´s aufgegeben
mich zu wehren

Ergebe mich
dem was kommt

ohne Widerstand

Genieße einfach
dass ich lebe

und es in mir
pulsieren spüre

Geteilte Freude

Wenn du mit dir im Reinen bist
versprühen deine Augen
diese Funken der Lebenslust
der Erwartung und der Hoffnung

Sie springen dann über
gebündelt zu mir
schenken mir Energie
und Zuversicht

Das
sind unsere schönsten Momente

Tiefe Liebe

Tiefblaue Tropfen
aus tiefblauen Augen
die mich erreichen
und die mir zeigen
wohin die Reise geht
und dass die Zeit
niemals steht

dass sie immer weiter rinnt
und ab und zu an Fahrt gewinnt

Ich will mit dir treiben
auf ihren Wellen
an deiner Seite
die unendliche Weite
der Meere erleben
und dir alles geben

Kopf oder Zahl

Unglaublich, wie sehr
wie viel und viel mehr
Seelenheil und Wohlgemut
auf and´rer Liebe ruht
und wie wohl das tut

wenn alles ist im Fluss
und dann ein einz´ger Kuss
dem man sich stellen muss

der alles entscheidet
ob er sich kleidet
in Wärme und Nähe
auf Wohl und Wehe
ihm hinzugeben
welch ein Erleben

What´s app?

Ein Glas Wein
eine Katze, die schnurrt
schreib ein paar Zeilen
kein Telefon surrt

Als wir noch jung waren
da waren das Dramen
doch die Tage im Leben
sie lehren zu geben

Viel Sanftmut und die weite Sicht
dass jeder hier sein Tagwerk ficht

Kofferpacken

Komm, lass uns einen Koffer packen
mit unseren Gefühlen drin

Komm, wir gehen gemeinsam zum Meer
und schicken ihn dort
auf eine lange Reise

begleitet
von einem Schmetterling

er soll ihn behüten
und beschützen

ab und zu bei uns vorbei fliegen
und uns an ihn erinnern